3. Auflage 2021
© Annette Betz in der Ueberreuter Verlag GmbH, Berlin 2018
ISBN 978-3-219-11766-0

Lektorat: Christiane Lawall
Umschlag- und Innenillustrationen: Astrid Henn
Druck und Bindung: optimal media GmbH, Röbel / Müritz
www.annettebetz.de

Johanna Lindemann

Die Prinzessin von Bestimm

Mit Bildern von
Astrid Henn

annette betz

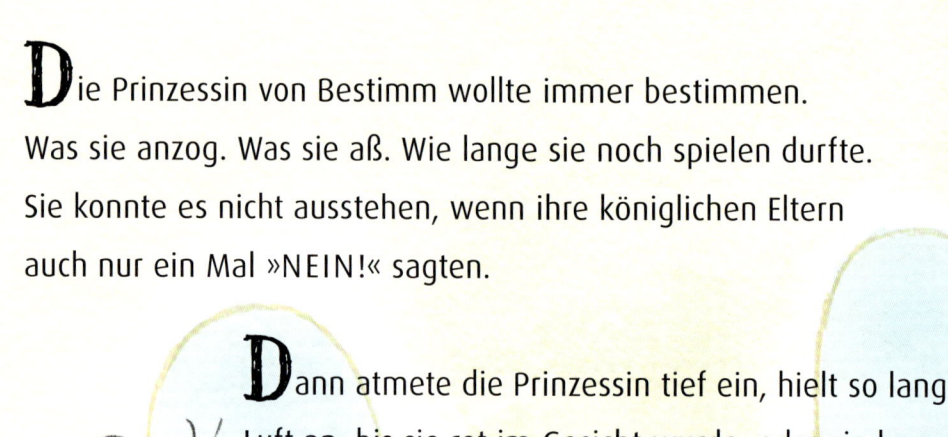

Die Prinzessin von Bestimm wollte immer bestimmen.
Was sie anzog. Was sie aß. Wie lange sie noch spielen durfte.
Sie konnte es nicht ausstehen, wenn ihre königlichen Eltern
auch nur ein Mal »NEIN!« sagten.

Dann atmete die Prinzessin tief ein, hielt so lange die
Luft an, bis sie rot im Gesicht wurde, oder sie begann
ohrenbetäubend zu schreien. Falls nötig, warf sie sich
dazu noch auf den Boden und wälzte sich hin und her.

Die Königin und der König waren ratlos.
Sie wollten nicht, dass sich ihre Tochter
so ärgern musste. Daher ließen sie der
Prinzessin ihren Willen.

Also bestimmte die Prinzessin von Bestimm selbst, wann
sie abends ins Bett musste. Und ob sie vorher noch die Zähne
putzte oder nicht.

Besonders schlimm war es an ihren Geburtstagen.
Alle Kinder im Königreich mussten kommen und genau
das machen, was die Prinzessin von Bestimm wollte.
Auch wenn das, was die Prinzessin wollte, ziemlich
bescheuert war.

Von ihrer riesigen Geburtstagsschokoladentorte
gab die Prinzessin kein einziges Stück ab, sondern
aß sie ganz alleine auf. Nach und nach natürlich ...

Eines Tages wollte die Prinzessin von Bestimm noch
mehr bestimmen. Sie wollte bestimmen, wann es
regnete und wann die Sonne schien.
Denn die Prinzessin liebte Regenbögen und wollte nun
mindestens drei Mal am Tag einen sehen.

Außerdem wollte die Prinzessin von Bestimm Einhörner
im Schlosspark haben. Da Einhörner bekanntlich ausgestorben
sind, banden ihre Diener in mühevoller Arbeit Pferden
Hörner an den Kopf.

Doch auch das reichte der Prinzessin irgendwann nicht mehr.
Nun wollte sie sogar darüber bestimmen, wann ein Baby geboren wird und
wann ein Mensch stirbt.
Zum Glück erfüllte sich dieser Wunsch der Prinzessin nicht. Auf der Erde
jedoch traute sich keiner mehr, der Prinzessin von Bestimm zu widersprechen.
Alle sagten immerzu nur:

Die Prinzessin spürte, dass die Menschen das nicht ehrlich meinten. Deswegen befahl sie ihnen, sich mehr anzustrengen und mit Freude ihren Befehlen zu gehorchen.

Alle gaben ihr Bestes, aber sie schafften es nicht. Deswegen wurde die Prinzessin immer unzufriedener.

Langweilig war ihr auch. Schrecklich langweilig.
Alles war immer gleich. Denn in ihrem Leben
passierten keine Überraschungen mehr, sondern
nur noch Dinge, die sie zuvor bestimmt hatte.
Und sich selbst zu überraschen, ist nun mal
ziemlich schwierig.

Eines Morgens wachte die Prinzessin
von Bestimm auf und fühlte sich sehr
einsam. Sie beschloss, einen Spaziergang
zu machen. Ganz alleine.

Sie ging durch Wiesen und Felder,
lange Straßen entlang und durch
einen tiefen Wald. Sie lief an einem
großen Meer vorbei, einen hohen Berg
hinauf und wieder runter.

Da kam sie zu einem Fluss. Um diesen
zu überqueren, musste sie über einen
Baumstamm balancieren.

Gerade als die Prinzessin losbalancieren wollte,
stand da auf der anderen Seite ein Mädchen,
das auch gerade losgehen wollte. Empört rief die
Prinzessin von Bestimm: »Weg da!«

Das Mädchen brüllte zurück: »Ich war zuerst hier!«
Die Prinzessin schrie: »Ich bin hier die Bestimmerin!«,
und marschierte zur Mitte des Baumstamms.

»Ist mir doch egal«, rief das Mädchen und stapfte ebenso zur Mitte. Nun standen sich die beiden genau gegenüber.

»Lass mich sofort durch«, zischte die Prinzessin. Das Mädchen grinste nur. Es gab ein kleines Gerangel auf dem Baumstamm, der dadurch mächtig ins Schwanken kam.

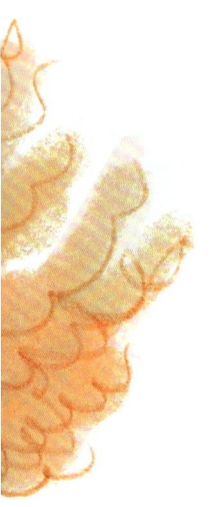

M it einem lauten Platsch fielen die Prinzessin
und das Mädchen ins Wasser.

A ls sie wieder aufstanden, saß ein Frosch auf
dem Kopf des Mädchens. Die Prinzessin kicherte.
Da zeigte das Mädchen grinsend auf die Haare der
Prinzessin. Die sahen nämlich wie eine Perücke
aus Algen aus.

Darüber mussten sie so lachen, dass sie beide das Gleichgewicht verloren und erneut ins Wasser fielen.

Diesmal waren die Arme des Mädchens verschwunden. Stattdessen steckte dort je links und rechts ein großer Karpfen.

Die Prinzessin prustete vor Lachen und spuckte dabei 17 kleine Fische aus. Beide bekamen einen Lachanfall und fielen wieder ins Wasser.

Nun lag, wie ein Schal, ein Aal um den Hals
des Mädchens. Die Prinzessin trug einen Hut aus
fünf übereinandergestapelten Flusskrebsen.
Sofort mussten sie sich vor Lachen wieder
ins Wasser fallen lassen.

So ging das bis zum Abend. So viel Spaß hatte die Prinzessin
lange nicht mehr gehabt. Sie freundete sich mit Polly an,
so hieß das Mädchen nämlich.

Mit Polly war es der Prinzessin nie mehr langweilig. Polly zeigte ihr, dass auch andere Menschen gute Ideen hatten.

Weil die Prinzessin nicht mehr alles bestimmte und manchmal sogar nachgab, spielten auch die anderen Kinder wieder gerne mit ihr.

Besonders gut gefiel der Prinzessin,
wie sie ihre Eltern schocken konnte, indem
sie plötzlich gehorchte.

Sogar an ihrem Geburtstag benahm sich die Prinzessin
anders und teilte ihre Geburtstagsschokoladentorte.
Na ja, sie gab sich jedenfalls Mühe.